AF258245

LE MARCHÉ

DES

FONDS PUBLICS

ET

LA CONVERSION

PAR

A. PAGÈS DUPORT

ANCIEN DÉPUTÉ

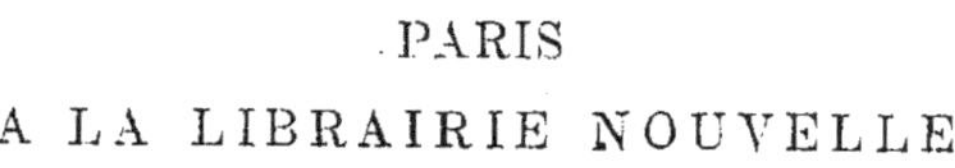

PARIS

A LA LIBRAIRIE NOUVELLE

BOULEVARD DES ITALIENS, Nº 15

—

1878

LE MARCHÉ

DES

FONDS PUBLICS

ET

LA CONVERSION

PAR

A. PAGÈS DUPORT

ANCIEN DÉPUTÉ

PARIS

A LA LIBRAIRIE NOUVELLE

BOULEVARD DES ITALIENS, N° 15

1878

LES FONDS PUBLICS

ET LA CONVERSION

La tendance générale du marché des Fonds publics, le taux de l'argent, la faiblesse ou la solidité des transactions sont intimement liés à la question si grave de la conversion de la rente 5 pour 100. Ce problème de la conversion posé par la force même des choses doit inévitablement être résolu ; mais, dans un tel sujet, les impatiences sont dangereuses, et il faut tout attendre de la confiance publique, appuyée sur une situation qui soit de nature à éloigner les préoccupations sérieuses au dedans comme au dehors.

Présentement, cette quiétude nécessaire, cette assurance absolue et incontestée du lendemain n'apparaissent pas suffisamment aux esprits calmes et réfléchis. Néanmoins, un grand pas a été fait dans la voie qui doit nous conduire à une économie annuelle de plus de 30 millions par le procédé de la conversion. C'est pour le prouver que j'écris ce travail Je veux surtout établir que le marché des fonds publics en France a réalisé des progrès considérables, et qu'il y a là une base devenue plus ferme et mieux assise qu'à aucune autre époque pour faciliter dans la pratique, quand l'heure sera venue, les conceptions du ministre des finances et de la commission du budget.

I

Il s'est produit une différence considérable entre le marché des fonds publics, tel qu'il fonctionne avec les institutions nouvelles, et ce même marché tel qu'il existait sous l'Empire. L'étude minutieuse des prix cotés pour la rente 3 % depuis vingt-six années, amène tout homme impartial à reconnaître que des résultats immenses ont été obtenus.

Bien souvent on a essayé d'inquiéter les porteurs de rentes françaises, en leur disant que les incidents politiques du régime parlementaire devaient avoir des conséquences déplorables pour le crédit de la France. Les efforts des pessimistes ont été vains pendant l'année 1876. Une seule fois un important mouvement de baisse s'est déclaré : c'était après le 20 février, au lendemain des élections pour la Chambre des députés. Combien de temps a-t-il duré ?..... une semaine environ. Dans le mois même de février, la plus grande partie de la baisse était réparée. Même mouvement et même retour à peu près immédiat en 1877, quand la Russie commença la guerre contre la Turquie. Aujourd'hui, en 1878, phénomène absolument identique au milieu des incidents du conflit franco-russe, qui a porté le trouble dans tous les marchés, à l'exception du marché de nos fonds publics.

On sait que le 3 % a été, durant l'Empire, sinon un type unique pour les fonds publics, du moins le type préféré et le plus accrédité.

En 1852, le 3 % s'éleva à 86 fr. pendant le voyage de Louis-Napoléon dans un grand nombre de départements. Cette rente avait été traitée quelques mois auparavant à 63,90. Mouvement total de l'année, du plus haut cours au plus bas : 22,10.

En 1853, le 3 % tomba de 82,15 à 71,70. Mouvement total de l'année : 10,45.

En 1854, Napoléon III déclara à la Russie cette guerre si complètement inutile, qui nous couvrit à Sébastopol d'une gloire chèrement expiée plus tard. Le 3 % descendit jusqu'à 61,50 pour remonter dans un seul mois à 76,35, et faiblit de nouveau ensuite avec persistance jusqu'à la fin de l'année. Mouvement total : 14,85.

En 1855, on vit les cours de 71,75 et de 63,20. Mouvement total : 8,55.

En 1856, l'écart s'établit entre 75,45 et 61,50. Mouvement total : 13,95.

Pendant les années 1857 et 1858, la paix n'ayant pas été interrompue, les écarts diminuèrent sensiblement.

En 1859, Napoléon III tourna ses armes contre l'Autriche. Le lendemain du 1er janvier, après les paroles comminatoires adressées par lui à M. de Hubner, ambassadeur de l'empereur d'Autriche, le 3 % toucha un moment au prix de 72,50, qui fut le plus haut prix de l'année. Il fut précipité ensuite à 61,50 en fort peu de temps et au milieu de ruines nombreuses. Mouvement total : 11 fr.

La paix ayant été conclue dans la même année où la guerre avait été entreprise, nous eûmes de rechef des écarts modérés entre le plus haut et le plus bas cours. Ils furent seulement de 4,30 en 1860; de 3,35 en 1861; de 5,30 en 4862; de 4,50 en 1863; de 3,25 en 1864; de 3,30 en 1865.

L'année suivante, en 1866, grâce aux conséquences de la guerre du Mexique, et aussi grâce à la conduite aujourd'hui incompréhensible de l'Empire dans la lutte de la Prusse contre l'Autriche, nous voyons une distance de 8,15 entre les prix extrêmes qui furent 70,60 et 62,45.

L'écart est encore de 5,50 en 1867 par suite des craintes de guerre qui furent suscitées au mois d'avril, avant l'ouverture de l'exposition de Paris, par les projets d'annexion du Luxembourg à la France, projets rapidement abandonnés devant les menaces de la Prusse.

Les craintes disparurent tout à coup, et alors nous avons un simple écart de 3,80 en 1868 et de 4,10 en 1869.

Nous arrivons à 1870, à cette année fatale où la guerre la plus insensée et la plus désastreuse fut imposée à notre malheureuse patrie. Il y a cela d'étrange dans cette cruelle période que l'écart entre le prix le plus haut, 75,10, et le prix le plus bas, 50,80, rappelle l'année 1852. Il est en totalité de 24,30. On peut donc dire que l'Empire a fini pour le crédit public comme il avait commencé. Même

commotion, même bouleversement pour le début que pour
la chute. Le mouvement avait été de 22,10 en 1852 dans
le sens de la hausse ; il est de 24,30 en 1870 dans le sens
de la baisse.

Ce triste passé a amené d'énormes catastrophes, chaque
fois que subitement le pays était lancé de la paix dans la
guerre ou de la guerre dans la paix, sans discussion, sans
indices préparatoires pour l'opinion publique, au milieu
du désarroi du commerce et de l'industrie, qui voyaient
leurs calculs compromis par la manifestation soudaine
d'une volonté toujours impénétrable et silencieuse.

Quelle différence depuis la paix de 1871, malgré deux
emprunts d'une importance jusqu'ici inconnue qui ont
permis de réaliser un capital de 5 milliards 690,555,699 fr !!!
Les années se sont succédées, et, loin d'être en opposition
continuelle les unes avec les autres, elles ont montré à
l'Europe profondément étonnée, le spectacle merveilleux
d'un peuple vaincu, dont la rente 5 % (prix de sa rançon
envers l'ennemi) subissait lentement, progressivement,
depuis la conclusion du dernier emprunt, un mouvement
graduel d'amélioration, non-seulement chaque année,
mais presque chaque mois et chaque semaine. Plus de
surprises, plus de contradictions, plus de fluctuations
ruineuses, soit en hausse, soit en baisse. Il faut remonter
au 24 mai 1873 pour trouver un mouvement rapide, suivi
presque immédiatement d'un mouvement contraire. Dans
toutes les autres circonstances, l'ascension de la rente
s'est produite avec une sagesse et une persévérance que

rien n'a pu troubler, pas plus la peur de la guerre au mois d'Avril 1874, que l'approche des élections du Sénat et de la Chambre des députés au mois de Janvier 1876.

La raison de cette confiance est bien simple. C'est que la guerre ne dépend plus d'un homme ; c'est que la France se possède elle-même ; c'est que l'avenir, au lieu d'être livré aux caprices et à l'ambition est en quelque sorte le privilége des représentants de la nation. Cette transformation poursuivie par les uns sous le nom de Monarchie constitutionnelle et par les autres sous le nom de République, mais acceptée aujourd'hui avec la forme républicaine par tous les amis de la liberté et de la tolérance, a conquis et dominé l'opinion de la France. Si quelques parties du territoire trop ignorantes encore s'attardent dans la vision trompeuse d'un César impossible, elle seront à leur tour pénétrées par cet esprit nouveau qui a éclaté jusque dans les questions financières avec une fécondité si généreuse et une si puissante vitalité.

Et comment pourrait-il en être autrement ? Les chiffres suivants portent avec eux une éloquente leçon.

Sous la Restauration, c'est-à-dire de 1814 à 1830, il a été créé 101,260,463 fr. de rentes, défalcation faite des titres annulés par la caisse d'amortissement et des titres rachetés. Mais de cette somme il faut retirer 78,807,967 fr., qui s'appliquent à l'arriéré impérial et aux contributions et charges de la guerre et de l'invasion. Restent donc seulement 22,452,496 fr. au compte de la Restauration.

Durant la monarchie de Juillet, il n'a été ajouté à la

dette que 12,277,267 fr. de rentes, en tenant compte des défalcations de titres annulés ou rachetés.

Le total pour la Restauration et la Monarchie de Juillet c'est-à-dire pendant trente-quatre ans de monarchie constitutionnelle, est de 34,729,763 fr. de rentes.

La République de 1848 figure pour 53,923,576 fr. de rentes ; mais le rachat du chemin de fer de Lyon et l'indemnité coloniale sont compris dans ce chiffre. — Restent net : 41,106,248 fr.

Voyons maintenant la part de l'Empire :

Toutes défalcations faites, l'Empire a créé à lui seul 168,187,663 fr. de rentes jusqu'au 4 septembre 1870, c'est-à-dire dans l'espace de dix-huit ans. Il nous a légué en même temps, comme conséquence de la guerre, une nouvelle charge de 345,923,950 fr. tant pour nos propres frais que pour l'indemnité aux Allemands.

Le total de l'Empire est de 514,111,613 fr., d'intérêts à verser chaque année à nos prêteurs, ce qui donne pour dix-huit ans de gouvernement personnel sept fois plus de rentes à payer par la France que pour 38 ans de gouvernement constitutionnel et de gouvernement républicain ; et cela sans parler des emprunts divers faits à la Banque de France qui se sont élevés à un milliard et demi environ de capital, sans parler encore de l'emprunt de 250 millions, dit emprunt Morgan, qui fut contracté à la fin de 1870.

Quand on songe que le deuxième Empire est venu en des jours qui ont vu le renouvellement complet du monde par la vapeur et l'électricité, et quand les faits établissent que ces prodiges du génie humain ne lui ont servi qu'à grossir notre dette et à diminuer notre territoire, on ose à peine envisager, dans la douleur ressentie par les âmes patriotiques, le degré de force extérieure, de richesse intérieure et d'expansion du crédit public, auxquels nous serions arrivés si nous avions eu un autre gouvernement.

Assurément, nous ne sommes pas à l'abri des agitations financières : elles se produisent dans tous les pays, à New-York comme à Londres, à Berlin, comme à Vienne. Mais j'ai tenu à montrer, et je crois l'avoir fait, que, sous l'Empire plus qu'aujourd'hui, le cours de nos rentes était ballotté sans pouvoir trouver son assiette, et sans jamais obéir à une progression solidement appuyée sur la confiance publique. Dans la situation présente, au contraire, le pouvoir exécutif et le pouvoir législatif sont placés en pleine lumière et organisés de telle sorte que la confiance est sollicitée par les institutions elles-mêmes, à la condition de les pratiquer avec modération et sagesse. Ce n'est point un prétendu sauveur qu'il faut à la fortune publique pour se développer, mais bien le grand air de la liberté et de la discussion qui permet à chacun de voir clair dans les affaires générales du pays.

II

Quelque grande que soit l'amélioration du marché des fonds publics, est-elle suffisamment garantie contre les incidents, les surprises et les calculs pour permettre au Ministre des finances et à la Commission du budget d'entreprendre la conversion? C'est le point capital à examiner.

Dans les cours pratiqués depuis longtemps, c'est-à-dire de 72 à 75 fr., le 3 % ne rapporte que 4^f,17 à 4 %. Le 5 %, au contraire, pendant la même période, c'est-à-dire de 107 à 110 fr., donne un revenu de 4^f,65 à 4,55. Cette anomalie fait dire que si le 5 % était converti en 3 %, comme les Chambres ont le droit absolu de le décider (le débiteur qui est l'État s'étant réservé la faculté de se libérer au prix de 100 fr.) une économie d'une trentaine de millions par an aurait lieu dans le service de la Dette Publique, et faciliterait des réductions fort désirables sur divers impôts onéreux. Les porteurs recevraient un titre ayant une valeur supérieure comme capital. Seulement, comme cette allocation leur serait faite sur un prix déterminé de la rente 3 %, et avec pleine liberté pour eux de préférer le remboursement à 100 fr. (ce qu'ils se garderaient bien de faire), le Trésor aurait moins à payer chaque année.

EXEMPLE : Supposons le cours du 3 % à 72 et le cours 5 % à 108. Cinq mille francs de rente 3 % achetés à 72 fr. coûtent 120,000 fr. Cinq mille francs de rente 5 % achetés à 108 ne coûtent que 108,000 fr. Différence : 12,000 fr. en faveur du 5 %. Cette différence est l'écart moyen résultant de l'observation des cotes. L'État vient dire alors aux porteurs de 5 % : « Je vais vous rembourser à 100 fr. en vertu » de notre contrat, ce qui ne vous laissera qu'un capital de » 100,000 fr. pour 5,000 fr. de rente. Ou bien, je vais vous » placer une somme de 108,000 fr. en rente 3 % au cours » actuel de 72, produisant un revenu annuel de 4,500 fr., » et remboursable seulement au pair, c'est-à-dire à 100 fr. » Cela étant donné, le bénéfice de l'État consisterait en ceci : ne payer à l'ancien porteur d'un titre de 5,000 fr. de rente 5 % qu'un revenu moindre, avec cet avantage pour ce porteur que, au lieu d'un capital de 100,000 fr. que l'État lui doit strictement pour le 5 %, il serait détenteur d'un capital infiniment supérieur en 3 % (120,000 au cours de 72).

Ce système est bien préférable à celui qui fut appliqué en 1862, lors de la conversion du 4 1/2, et qui consistait à donner revenu pour revenu, c'est-à-dire 4,500 fr. de rente 3 % pour 4,500 fr. de rente 4 1/2, avec une soulte comme compensation au profit de l'État par suite de l'écart favorable au 3 % qui résultait des cours pratiqués depuis longues années. On ferait aujourd'hui comme alors, dans l'obligation de payer une soulte en conservant le même revenu, un moyen de trésorerie, une façon particulière d'enlever une portion de leur capital aux porteurs de 5 %. Le public comprendra sans hésitation que la diminution successive du prix de l'argent est pour l'État un motif qui légitime l'exercice du droit lui appartenant de rembourser le 5 % au pair, à moins que les porteurs de 5 % n'accep. tent une réduction d'intérêt. Il ne comprendrait pas, ou bien il comprendrait beaucoup moins, qu'on vînt lui demander le versement d'une somme relativement importante, à la condition de lui laisser le même revenu que par le passé. Au fond, le sacrifice serait à peu près identique, le versement d'une soulte équivalant en partie à la perception d'un revenu moindre ; mais il ne faut jamais, dans la forme, fournir un prétexte quelconque aux mauvaises interprétations, qui naîtraient notamment, dans le cas actuel, de l'embarras d'un grand nombre de petits rentiers contraints d'emprunter la somme à verser à l'État.

Du reste, l'intérêt de l'État ne consiste pas dans une économie quelque sérieuse qu'elle soit, si la réalisation de cette économie doit entraîner un trouble sur le marché des fonds publics, et atteindre dans son crédit l'État lui-même en affectant le cours des rentes.

C'est précisément ce qui arriverait si la conversion du 5 % en 3 % se produisait avant que la situation intérieure du pays, qui certainement repose sur des bases solides, ait acquis des fondements plus solides encore. La question de la conversion est par desssus tout une question d'opportunité. Elle a indispensablement besoin d'un marché absolument maître de lui-même, comprenant et pouvant déjouer les tentatives d'intimidation et les baisses accidentelles sans motifs plausibles et durables. La conversion doit se présenter sur un marché tellement impressionné et captivé par la diminution successive du loyer des capitaux, qu'il soit devenu véritablement facile de faire accepter le type 3 % produisant *moins* en échange du type 5 % qui produisait *plus*. Il faut aussi qu'au dedans aucune crainte ne subsiste dans les esprits, et que les partis divers aient donné de nouvelles preuves de modération. Il faut enfin que toute préoccupation extérieure soit écartée, non-seulement à l'heure où l'opération commencera, mais autant que les prévisions l'autorisent pour plusieurs mois après sa conclusion.

On ne saurait mettre en doute que la conversion sera accompagnée d'un déclassement de titres *inévitable*. Tout ce que l'on peut discuter c'est l'importance de ce déclassement. Il y aura les mécontents qui vendront les titres nouveaux donnés en échange des titres anciens. Il y aura les anciens porteurs de 3 %, qui, voyant cette forme de l'emprunt devenir à peu près le type unique de la rente française, croiront à tort que la multiplicité d'un même titre créera un encombrement de nature à provoquer la baisse. Il y aura surtout une sorte de tentation pour ces rivalités financières, qui entravent toutes les opérations, même les meilleures ; car la Bourse de Paris est aujourd'hui le rendez-vous de l'univers financier. On y parle toutes les langues de l'Europe, de l'Amérique et de l'Asie occidenlale, et ce n'est plus avec les influences nationales qu'on doit y compter, mais bien avec les intérêts et les opinions de toutes les places sans exception. On voit combien d'inimitiés sont à redouter. On voit également combien les délais sont nécessaires (même si la conversion réussit dans les premiers jours), pour que les mécontents de toute sorte arrivent à comprendre qu'ils se sont trompés, et aussi pour que les rivalités financières n'engendrent pas des spéculations nuisibles au crédit de l'État.

L'expérience des conversions antérieures doit nous servir. En 1825, après la conversion élaborée par M. de Villèle, le 5 % tomba de 106,25 à 90,50 dans le courant de l'année, pour osciller, l'année suivante, de 95,75 à 101,05. En 1852, le nouveau 4 1/2 créé par la conversion s'éleva à 107 pour descendre à 99,45, tandis que le 3 %, coté jusqu'à 86 au mois de Janvier, était précipité à 63,90. En 1862, le mouvement de baisse fut moins fort, quoique très-sérieux. Du cours de 71 pratiqué pendant l'opération même, le 3 % fléchit à 67,60. Ce sont là des souvenirs et des chiffres à ne pas perdre de vue.

Qui oserait affirmer que, si la conversion était votée aujourd'hui par les Chambres, nous n'aurions pas quelque crise intérieure, qui, contrairement à tout ce qui s'est passé dans ces dernières années, influencerait gravement les transactions ? Il est incontestable que le marché est devenu insensible aux fluctuations, même aux agitations momentanées des Assemblées délibérantes. En serait-il

ainsi le jour où la conversion aurait amené un déclassement plus ou moins considérable dans les portefeuilles?
Et si, au lieu d'une crise intérieure, on était en présence
d'événements extérieurs dans une partie quelconque de
l'Europe, le capital, tiré de sa profonde sécurité actuelle,
montrerait-il la même résistance à toutes les idées pessimistes que lors de la déclaration de guerre de la Russie
à la Turquie, ou bien à l'époque plus récente de l'arrivée
des Russes aux portes de Constantinople et des Anglais
dans la mer de Marmara?

Ce sont là les motifs qui rendent la conversion inoppor-
tune. Son jour viendra. Supposons la guerre anglo-russe
écartée. Supposons que, si elle éclate malgré le Congrès,
elle aboutisse promptement à une solution pacifique. Il
nous restera encore à traverser le fossé, plus large qu'on
ne croit, du renouvellement partiel du Sénat en Janvier
1879. Ne devra-t-on pas attendre le renouvellement du
pouvoir présidentiel? Ce serait bien long, mais l'avenir
seul nous éclairera. En attendant que cet avenir se lève
sous un ciel propice, le bon sens, la froide et saine
appréciation des obstacles, l'exclusive et patriotique con-
sidération du bien public conseillent d'observer, de pa-
tienter..... et de travailler.

Toutefois, dès ce moment, on peut faire entrer comme
prévision dans la préparation du budget l'éventualité de la
conversion. Cette échéance est trop certaine dans un délai
assez rapproché, pour qu'on n'en tienne pas compte quand
il est si nécessaire et si légitime de marcher avec pru-

dence, mais avec résolution, dans la voie si heureusement ouverte du remaniement ou de la suppression des impôts trop onéreux. La rectitude financière exclut tout abaisse-ment d'impôt qui risque d'amener un déficit dans l'ensemble des recettes. Est-il permis cependant de ne pas combiner avec la perspective de la conversion ces plus-values annuelles, dont la constante progression atteste notre puissance en sollicitant nos efforts pour la réduction des charges publiques ?

III

Savoir observer pour profiter d'une occasion favorable, telle est la ligne de conduite à suivre. Il est, en effet, incontestable que le marché des fonds publics en France n'a jamais été plus large et plus solide. Les étrangers qui, sous l'Empire, ne voulaient pas entendre parler de rentes françaises les recherchent aujourd'hui, et l'un des faits les plus caractéristiques est l'importance, toute nouvelle, prise en Angleterre par notre 5 % et notre 3 % qui y trouvent chaque jour une clientèle sérieuse et puissamment riche.

L'écart entre notre 3 % et le 3 % anglais était de 35 à 40 % en 1872; il n'est plus que de 22 % environ, et tout démontre que cette différence est destinée à s'atténuer successivement.

En même temps, nous voyons se dessiner, chez nous, un mouvement de plus en plus marqué vers les placements en rentes.

Qu'il me soit permis de rappeler que, dès l'année 1866, j'ai prévu et secondé ce retour des capitaux aux idées saines qui assurent la conservation du patrimoine des familles. Frappé des désastres produits par l'exagération du *crédit industriel*, qui se trouvait mêlé à toutes choses avec une variété et une audace que les tribunaux étaient impuissants à réprimer, je publiais une brochure intitulée : *Le crédit de l'Etat et le crédit industriel.* J'en reproduis ici quelques extraits :

Les circonstances de la vie où le bons sens pratique devrait régner en maître, sont précisément celles qui le voient presque toujours méconnu. Il suffit d'observer les moindres détails de l'économie domestique, au point de vue de la destination des capitaux, pour être parfaitement convaincu que la majorité du public, captivée par l'intérêt du présent, ne se préoccupe en aucune sorte des garanties de l'avenir. Depuis longtemps, il s'est établi, à tous les degrés de l'échelle sociale, un courant d'opinion complétement en dehors des règles les plus simples de la prudence vulgaire. Au lieu de rechercher des placements solides sur les valeurs à revenu fixe et non hypothétique, le plus grand nombre se laisse naïvement séduire par les réclames industrielles.

Dans ces dernières années surtout, on a perdu de vue les conditions de sagesse qui doivent présider à la gestion des fortunes; et ce sont les plus nécessiteux, les plus déshérités de la société moderne, qui se sont précipités, avec une candeur véritablement inouïe, sur toutes les actions décorées d'un titre plus ou moins sonore. Peu à peu les rentiers de la vieille école ont été regardés comme gens à courte vue, et l'on est arrivé à un tel degré d'aveuglement, qu'il est à peu près admis comme proverbe que les riches seuls (et les très-riches encore !) peuvent se donner la fantaisie de conserver la rente française dans leurs portefeuilles.

Je ne prétends pas étudier les causes de cet étrange paradoxe. Les exigences croissantes de la vie, depuis la cherté des loyers et l'accroissement de prix des substances alimentaires jusqu'aux entraînements du luxe et aux démangeaisons de l'envie, n'expliquent que trop le besoin impérieux de ressources nouvelles qui tourmente tant d'esprits. Je veux uniquement démontrer aux capitalistes de toute condition que leurs calculs sont faux et que, en ne paraissant obéir qu'aux inspirations de leur intérêt, ils creusent infailliblement leur ruine.

Le 3 % français est non-seulement le placement le plus avantageux et le plus certain, mais il doit être la base de toutes les fortunes mobilières. Le crédit de la France est à une telle hauteur, qu'il est vraiment ridicule de voir le 3 % (surtout après la conversion) coté aux environs de 68 ou de 69 francs, tantôt un peu au-dessus, (tantôt un peu au-dessous), quand les économies de toute sorte, qui pourraient le porter à 75 ou 80 francs, sont détournées de leur voie naturelle par la poursuite d'espérances chimériques.

Est-ce à dire que le crédit industriel doive être absolument délaissé ? Non, assurément. Le progrès et l'invention ne peuvent se passer du levier puissant de l'association, qui a réalisé tant de merveilles. Il est bon, il est juste que l'argent vienne au secours de l'idée, mais il ne faudrait pas que le crédit industriel prît le dessus sur le crédit de l'Etat, et que, par exemple, le succès d'une compagnie de navigation, de chemin de fer ou de forges fût un appât aussi puissant et aussi dangereux que la loterie.

La supériorité de la rente française est incontestable à quelque point de vue que l'on se place, soit que l'on calcule l'intérêt de la dette publique par individu dans les divers Etats, soit que l'on établisse la proportion entre la dette et le chiffre de chaque budget.

Nous avons laissé bien à tort s'accréditer, même chez nous, cette banalité vraiment surprenante, que la rente anglaise, le crédit anglais, la bonne foi anglaise, les ressources anglaises primaient à juste titre notre rente, notre crédit, notre bonne foi, nos ressources.

Les actions industrielles ayant fait un nombre incalculable de victimes, l'intérêt du père de famille est de confier principalement ses économies à la rente qui, au milieu des complications les plus graves, ne subit qu'une dépréciation de 8 ou 10 %, et qui surtout solde régulièrement ses arrérages de trimestre en trimestre, tandis que la plupart des actions industrielles ont ravi souvent tout à la fois et le revenu et une portion du capital. Cette suppression plus ou moins longue, plus ou moins radicale de tout revenu, constitue l'un des dangers les plus évidents des placements aléatoires.

Quelquefois une excellente affaire ne produit rien ou presque rien dans les premières années; ses actions baissent, mais le travail et les efforts finissent par être couronnés de succès. On peut être assuré que, dans ces rares exceptions, le premier actionnaire a vendu ses titres en grande partie sans avoir touché aucune annuité, et que les bénéfices sont pour les habiles et gros portefeuilles, toujours à l'affût des bonnes occurrences.

Un autre vice des valeurs industrielles, et ici je veux parler des meilleures, c'est d'être exposées à des fluctuations considérables d'année en année, tandis que la rente obéit tout simplement dans les temps ordinaires aux lois de la cherté ou du bas prix de l'argent.

Capitalisé à 4 %, le 3 % français vaudrait 75 fr. au lieu de 68 ou 69. Est-il légitime d'exiger un revenu plus élevé ? Non-seulement je ne le pense pas; mais, à mon avis, le taux de 4 % est peut-être exagéré. La rente française ne peut avoir, en effet, d'autres concurrents pour les emplois réfléchis de capitaux que les terres, les maisons et les affectations hypothécaires. Croit-on que les terres rapportent 4 % ? Est-il admissible que les bâtiments de toute nature, à l'exception de quelques maisons dans les principaux quartiers des grandes villes, produisent en moyenne un revenu aussi fort ? D'un autre côté, les placements hypothécaires suffiraient-ils à l'absorption des économies d'un État aussi laborieux et aussi riche que la France, réalisant par année une plus-value dépassant un milliard, qui, en accroissant la fortune générale, doit trouver nécessairement des débouchés ?

Il faut tenir le plus grand compte de la tendance qui pousse la société contemporaine dans la voie du morcellement de la propriété. Non-seulement la terre ne donne pas 4 % au détenteur qui, ne l'arrosant pas de ses sueurs, est obligé de la céder en fermage, ou de faire appel à des mains étrangères et salariées, mais la vérité est que l'immense majorité des domaines ainsi loués ou exploités ne laisse au propriétaire que 2 ou 3 % de la valeur vénale. Cela peut-il durer longtemps ainsi, dans un pays où la loi établit l'égalité dans les successions, et met sur la même ligne les filles et les garçons? La dispersion des grands domaines et leur infinie subdivision sont une déduction fatale de notre temps et de nos mœurs. Le sol tend de plus en plus à être disséqué en lambeaux, et c'est à cette condition seule qu'il peut enrichir les bras vigoureux et patients qui le creusent et l'ensemencent, en créant toutefois de graves dangers pour l'avenir de l'agriculture devenue l'ennemie irréconciliable des forêts. Cette situation étant donnée, quel autre placement que la rente est-il permis de conseiller aux propriétaires qui s'éloignent des champs?

La rente a d'ailleurs des priviléges spéciaux et exceptionnels. Elle est insaisissable ; élle n'est pas frappée par l'impôt ; elle est d'une transmission aussi simple que rapide ; elle a une certitude que la propriété immobilière ne saurait avoir ; un placement en rentes peut s'opérer par les sommes les plus minimes, tandis qu'il est extrèmement difficile de faire un emploi immobilier pour une petite somme ; pas de droit de mutation ni d'enregistrement pour un achat de rente ; disponibilité constante et presque instantanée lorsque les besoins l'exigent ; revenu supérieur à celui de la terre et en dehors des vicissitudes des saisons ; chances d'accroissement du capital, etc. ; par-dessus tout, solidité puissante du crédit qui a résisté aux événements de 1815 et aux révolutions de 1830 et 1848. Malheureusement tous ces avantages viennent se heurter contre un préjugé fortement enraciné, surtout parmi les populations rurales, à savoir que la terre seule doit inspirer confiance.

Il ne faut pas seulement combattre par le raisonnement ce préjugé, qui trouve parmi les notaires un appui très-facile à comprendre, attendu que les emplois immobiliers sont les seuls qui grossissent les revenus de leurs offices. Il serait habile d'intéresser les notaires eux-mêmes à la propagation de la rente, et il suffirait de leur payer un droit de transmission pour tout achat qui s'opérerait par leur entremise.

Les banquiers eux-mêmes qui, avec les agents de change départementaux, touchent des remises de diverses Compagnies pour placer leurs valeurs, ne pourraient-ils pas recevoir des ordres d'achats de 3 %, moyennant une commission qui leur serait payée par le client, et qui ne coûterait à peu près rien au Trésor si ces ordres centralisés étaient exécutés par la Compagnie des agents de changes de Paris, moyennant un droit d'abonnement fixe? D'un autre côté, pourquoi les percepteurs, qui sont constamment en rapport avec les populations, ne seraient-ils pas autorisés à délivrer des certificats de rente? Une loi en quatre lignes suffirait pour rendre notaires, banquiers, agents de change départementaux, percepteurs, les défenseurs chalereux du crédit de l'État.

Une fois entrés dans cette voie de réformes, les pouvoirs législatifs devraient encore étendre les principes féconds de la loi du 2 juillet 1862, qui autorise l'emploi en rentes de toutes les sommes appartenant à des incapables, à moins de clause contraire. La loi anglaise a inscrit une obligation absolue là où nous laissons une *faculté*, ou plutôt une complète *liberté*. Chez nos voisins, tous le comptables de deniers publics ou privés, tuteurs, curateurs, etc., tous ceux, en un mot qui doivent faire emploi de fonds, sont contraints d'acheter de la rente pour le montant des sommes dont ils sont responsables. Cette règle est à la fois équitable et prévoyante : en garantissant les fortunes, elle crée une classe de rentiers, dont les titres ne viennent pas peser incessamment sur le marché. On assure que cette question a été plusieurs fois à l'étude dans les conseils du gouvernement; ce serait un grand jour pour le crédit de l'État que celui où elle serait officiellement résolue.

Si l'on s'effrayait de voir les institutions françaises consentir un tel emprunt aux mœurs anglaises, il serait facile de se consoler en pensant que la libre Angleterre aurait de bien plus gros emprunts à faire aux immortelles conceptions de notre Code civil.

La plupart de ces observations sont encore applicables au temps actuels, malgré les leçons qui ont cruellement éprouvé l'épargne trop crédule et tardivement éclairée.

Je proposais, dans mon travail, l'établissement d'une retenue sur les valeurs mobilières. La guerre impériale de 1870-1871 nous a imposé cette taxe comme une nécessité ; mais je la réclamais comme une réforme financière destinée à la diminution des charges anciennes. Je réclamais aussi d'autres mesures qui n'ont pas été réalisées, mais dont la nécessité me paraît toujours impérieuse, non-seulement au point de vue du crédit de l'État, mais aussi au point de vue de la moralité financière :

1º La condition à imposer à la Compagnie des agents de change de n'admettre à la cote que les valeurs étrangères entièrement libérées, et déjà en plein exercice depuis plusieurs années ;

2º La suppression de la cote à terme, injustement accordée à un nombre considérable de valeurs, dont le capital est peu important, et qui, par cela même, ayant une quantité d'actions facile à accaparer en totalité ou en partie, prêtent le flanc aux coups de la Bourse ;

- 3º Une forte pénalité contre les syndicats et les manœuvres qui tendent si souvent et presque périodiquement à fausser les cours de telle ou telle valeur industrielle, pour la jeter à un prix exorbitant sur le dos des ignorants et des naïfs ;

4º La modification des statuts des établissements de crédit qui, obéissant à un esprit d'initiative trop hardi, s'occupent beaucoup plus de spéculations de Bourse que de protection à l'industrie, et qui ne peuvent même agir autrement, après avoir lancé des valeurs non souscrites ou incomplétement souscrites que les finesses seules de la spéculation parviennent à classer ;

5° L'interdiction aux administrateurs de prêter l'influence de leur nom et de leur position sociale, comme cela se pratique trop souvent, à un grand nombre de compagnies qu'il leur est matériellement et moralement impossible de surveiller en même temps.

La conséquence de ces mesures serait d'accroître la clientèle de nos rentes et de hâter par cela même la conversion, c'est-à-dire la réduction des impôts. Le bas prix du loyer des capitaux est, en effet (je le repète en terminant), la condition *sine quâ non*, le fondement indispensable de la conversion. On aura d'autant plus peur du remboursement du 5 % à 100 fr., et on acceptera d'autant mieux l'échange contre le 3 %, que les rentes seront plus chères et plus enviées. C'est vers cette diminution du taux de l'argent, par l'élévation du crédit de l'État, que doivent tendre tous les esprits sincèrement dévoués au progrès et à l'amélioration du sort des hommes ; car ce résultat bienfaisant fera pénétrer jusqu'au fond des ateliers, et dans les plus minces hameaux de nos campagnes, les moyens indispensables de l'accroissement du bien-être par le travail facilité, fécondé, fructifié.

CAHORS, IMPRIMERIE DE A. LAYTOU, RUE DU LYCÉE.